PROJET
DE
CONSTITUTION
POUR LA
RÉPUBLIQUE FRANÇAISE

PAR

ALEXIS PEYRET

BUÉNOS-AYRES

IMPRIMERIE ET FOND. DE TYPES, RUE BELGRANO 126.

1871

PROJET

DE

CONSTITUTION

POUR LA

RÉPUBLIQUE FRANÇAISE

PAR

ALEXIS PEYRET

BUÉNOS-AYRES

IMPRIMERIE ET FOND. DE TYPES, RUE BELGRANO 126.

1871

A

MONSIEUR THIERS,

PRÉSIDENT DE LA RÉPUBLIQUE FRANÇAISE

MONSIEUR,

En 1848 vous avez dit : « la République est le gouvernement qui nous divise le moins, » et cependant vous avez travaillé au renversement de la République.

En 1871 les événements vous ont mis á la tête de cette même République qui aurait pu être fondée vingt ans plus tôt, si les vieux parlementaires avaient été de bonne foi, et s'ils n'avaient conservé l'illusion de croire á la possibilité de la royauté constitutionnelle, illusion qui nous valut le despotisme impérial, une reculade de cinquante ans.

Aujourd'hui l'illusion n'est plus possible; vous l'avez en quelque sorte reconnu vous même dans un discours qui est parvenu jusqu'à nous, sur cette terre lointaine d'où nous suivons avec un intérêt facile à comprendre les douloureuses épreuves de notre patrie.

Vous êtes appelé à présider à l'œuvre de régénération de la France. Faut-il prendre vos paroles au sérieux ? Votre passé nous permettrait peut-être d'en douter, mais vous assurez que vous ne voulez pas déshonorer votre vieillesse par un mensonge. Auriez-vous été séduit, à défaut de conviction, par cette grande gloire de fonder la République française? Vous rendriez-vous enfin à l'inéluctable nécessité, à l'indomptable force des choses qui pousse, bon gré mal gré, les sociétés modernes vers la démocratie ?

Il y aurait de la présomption à scruter vos intentions, et puis, qu'importe le mobile qui vous pousse ? Le problème se pose une fois de plus : il faut le résoudre.

C'est ce que j'ai tâché de faire dans l'essai que je prends la liberté de vous envoyer.

Je me hâte de dire que ce travail n'a rien d'original : il est le résumé de ce qui se pratique depuis quatre-vingts ans en Amérique sous le nom d'institutions libres, de *self-government.* Il a donc la consécration de l'expérience, et, puisque le peuple français vous a confié la mission de faire un nouvel essai de République, j'ose vous promettre et lui promettre à lui-même que, si vous en acceptez les bases, il sera couronné d'un plein succès, et que nous sortirons enfin de ce provisoire révolutionnaire, plein de convulsions et d'anxiétés, de catastrophes périodiques et de réactions sanglantes, pour entrer dans une ère de développement pacifique et régulier, qui saura concilier le progrès avec la conservation et la liberté avec l'ordre.

Veuillez excuser cette affirmation qui vous paraîtra excessive. Ce n'est pas seulement un fils de la noble et infortunée patrie française qui vous parle; c'est l'Amérique entière qui a les yeux sur vous et qui se demande si notre peuple, ce peuple des grandes initiations modernes, parviendra enfin à fonder un régime libéral ou s'il est irrésistiblement entraîné sur la pente de la décadence.

L'avenir nous dira si nous devons mettre votre nom à côté de ceux de Washington, de Franklin, de Hamilton, de Jefferson, de Madison et des autres immortels fondateurs de la grande république américaine, ou si nous devons le reléguer à l'arrière-plan de l'histoire parmi les défenseurs aveugles et obstinés des dogmes éteints, des transactions immorales et lâches, des principes caducs et des institutions mortes.

Veuillez, Monsieur, agréer mes salutations civiques.

Alexis Peyret.

Buenos-Ayres, Septembre 1871.

PREFACE

J'ouvre un publiciste américain et j'y lis ce qui suit :

« C'est une opinion sans fondement que de croire que les juridictions locales diminuent la force de l'autorité centrale. Au contraire, celle-ci en devient moins embarrassée dans l'administration des intérêts nationaux. Il est évident que la formation d'un système de gouvernements inférieurs constitue une déduction de la masse du pouvoir qui, sans cela, serait restée déposée aux mains de l'autorité centrale. Cependant c'est précisément dans cette intention que l'on crée ces gouvernements inférieurs. Mais comme la sphère, dans laquelle ce pouvoir se meut, se trouve distinctement définie, et que les devoirs qu'on lui impose sont plus simples qu'auparavant, il devient plus apte á agir avec promptitude et énergie. Semblable á l'homme qui, voulant accomplir un dessein important et dont l'attention est distraite par divers objets, s'il cesse de se préoccuper de ces derniers, peut se vouer á l'autre sans interruption ....
.... Le problème á résoudre, problème aussi neuf qu'intéressant, est de rechercher quelle somme de pouvoir il faut déposer dans les juridictions locales là où il n'y a pas une forme fédérative de gouvernement. Sans doute il faudrait adopter un moyen terme

entre la *compréhensive* législation des Etats Américains et la faible autorité qu'exercent les départements français. »

(Frédéric Grimke.
Nature et tendance des institutions libres).

Grimke est un publiciste de l'Amérique du Nord.

J'en ouvre un autre, mais de l'Amérique du Sud :

«La république démocratique représentative et la décentralisation doivent marcher de pair; la première n'est pas possible sans la seconde. Une république démocratique que l'on voudra faire fonctionner avec le système d'administration de Napoléon Ier, comme la République de la Constitution française de 1848, est une absurdité telle qu'on ne comprend pas qu'elle ait pu être imaginée par des hommes aussi éminents que ceux qui siégeaient à l'Assemblée Constituante.

«La République démocratique représentative exige que le citoyen ait dans la direction et le maniement des affaires publiques une intervention assez efficace pour obliger ceux qui exercent le pouvoir à procéder conformément à la volonté nationale, et cela n'est pas possible avec des combinaisons gouvernementales qui mettent aux mains des dépositaires de l'autorité les moyens de soumettre les opinions de tout le monde à celle du chef du gouvernement, comme il arrivera chaque fois que les localités seront assujetties à l'action exclusive des agents passifs d'une autorité centrale. Par ce système une nation suivra toujours l'impulsion du gouvernement; jamais celui-ci ne suivra la volonté de la nation, but que doit se proposer la démocratie représentative.

«Il faut, pour que le gouvernement suive la volonté de la nation, que l'impulsion parte des localités, que le citoyen y sente l'action de fonctionnaires de sa création et qu'il puisse les inspirer de son opinion. Voilà comme on peut obtenir la participation des citoyens à la tâche gouvernementale, participation dont les effets font de la démocratie représentative l'idéal de la meilleure forme de gouvernement.

« Il n'y a pas d'institutions libres si l'individu n'est pas souverain dans sa sphère, la localité dans la sienne, et le corps social entier dans le reste. L'individu doit avoir le libre usage de toutes ces facultés qu'il n'est pas nécessaire de soumettre au régime commun, parce qu'il peut les employer mieux suivant son propre jugement; la communauté locale, l'usage de celles dont l'action concerne les intérêts locaux; et le corps social entier, seulement l'usage de celles dont l'action concerne les affaires collectives des diverses localités. C'est ainsi que tous les intérêts, quelque variés qu'ils soient, peuvent être pris en considération, et c'est là le but que l'on doit se proposer en constituant un gouvernement. »

(FLORENTINO GONZALEZ.
Leçons de droit constitutionnel).

I

J'ai cherché à résoudre le problème posé par les publicistes américains Grimke et Gonzalez (1) : le lecteur dira si j'y suis parvenu. Le projet de constitution que je soumets à mes compatriotes demanderait un long comentaire; le cadre de cette publication ne me permet pas de le faire. Je me bornerai donc à quelques explications.

Les Etats-Unis sont arrivés à la liberté politique par le régime fédératif; mais ce nom est malsonnant en Europe, et surtout en France, où tous les esprits, monarchiques et républicains, sont dominés par la passion de l'unitarisme. Aussi voyons-nous notre patrie s'acharner

(1) Frédéric Grimke, de Cincinati, publia en 1848 un livre intitulé *Considérations sur la nature et la tendance des institutions libres*. Cet ouvrage a eu un grand succès aux Etats-Unis, mais je doute qu'il soit connu en Europe. Ni M. John Stuart Mill ni M. Eduard Laboulaye n'en ont fait mention. Il a été traduit en langue espagnole par M. Florentino Gonzalez (Paris, Rosa et Bouret, 1870).

M. Florentino Gonzalez, ancien ministre en Colombie, professeur de droit constitutionnel à l'Université de Buénos-Ayres, a

depuis trois quarts de siècle à la recherche d'une solution impossible : l'accord de la liberté politique et de la centralisation.

Depuis trois quarts de siècle la démocratie française fait fausse route; il est temps de s'en apercevoir. Nous avons tout sacrifié à la souveraineté de l'Etat, représenté par l'organe central : folle tendance qui n'a cessé de nous conduire à des catastrophes périodiques, et finalement à des désastres qu'on n'aurait jamais crus possibles.

En Amérique, c'est une opinion à peu près générale que la République n'est possible que dans le système fédératif. Combien de fois depuis dix mois n'ai-je pas entendu dire : « A quoi pensent donc les républicains Français avec leur unité et leur indivisibilité? Ils ne parviendront jamais à inaugurer les institutions libres s'ils n'abandonnent ces préjugés jacobiniques. »

J'ai répondu que la situation exceptionnelle de la France ne lui permettait pas d'adopter la forme fédérative, comme l'ont fait la Suisse, les Etats-Unis de l'Amérique du Nord, ceux de Colombie et ceux de la République Argentine. Un peuple, qui est entouré de puissants voisins tous armés jusqu'aux dents, est obligé de se maintenir sur le pied de guerre et par conséquent de conserver une organisation unitaire et centralisée. Pour que la république fédérative s'installât en France, il faudrait qu'elle s'établit en même temps chez toutes les puissances de l'Europe occidentale. Cela viendra sans doute un jour, mais, pour le moment, il y a encore trop d'efforts à faire, trop de combats à livrer, pour que notre nation puisse renoncer absolument à son organisation compacte et se mettre à un régime qui serait une cause de faiblesse, s'il n'était généralisé par tout le continent.

également traduit l'ouvrage de Lieber intitulé *Liberté civile et self-government*, qui doit se trouver sous presse à l'heure qu'il est.

Il serait à désirer que ces deux livres fussent traduits en français, surtout le dernier. On a beaucoup parlé en France de M. Stuart Mill, mais certainement Grimke et Lieber méritent, autant que lui, d'être connus et étudiés.

J'en dirai autant des *Leçons de droit constitutionnel* de M. Gonzalez qui est évidemment un des publicistes les plus distingués de l'Amérique Espagnole.

Voilà pourquoi, dans mon projet, je n'ai pas adopté le régime fédératif, tel qu'il se pratique aux Etats-Unis, dans la République Argentine, dans la Confédération Helvétique. Il eût fallu pour cela reconstituer les anciennes provinces, abolies par la révolution de 1789, ou du moins en créer de nouvelles et les investir d'une souveraineté réelle. Proudhon a proposé la première mesure dès 1862; ce qui est remonter le cours de l'histoire. D'ailleurs il me semble que cet écrivain n'a pas bien compris l'essence de la fédération Américaine.

Le point de départ de la fédération, c'est la souveraineté de chacun des Etats qui la composent; il y a donc deux souverainetés dans un état fédératif, la souveraineté locale et la souveraineté générale.

Par exemple, les colonies anglaises de l'Amérique du Nord, au moment où elles s'émancipèrent de la métropole, constituaient treize Etats séparés. Après la victoire, elles formèrent une confédération, c'est-à-dire qu'elles se donnèrent un organe central, chargé de pourvoir aux intérêts généraux, mais en gardant par devers eux le droit d'en exécuter les décisions. Pour tout dire, c'était une nouvelle édition des fédérations que l'on avait vues jusqu'alors et qui avaient péri par la faiblesse de la direction générale et la résistance des unités constitutives.

Aux tiraillements qui se manifestèrent immédiatement et qui allaient jusqu'à la guerre civile, les patriotes ne tardèrent pas à s'apercevoir qu'ils s'étaient trompés : ils jetèrent le cri d'alarme et provoquèrent la réunion de la Convention qui élabora la Constitution de 1788, sous la présidence de Washington, et fonda les Etats, non pas *confédérés* mais *unis*, que nous connaissons.

La nouvelle Constitution fut une transaction entre la souveraineté locale et la souveraineté générale, un compromis entre les Etats particuliers et le peuple pris collectivement pour former un gouvernement national.

Aussi le préambule de la Constitution dit-il : « Nous, le peuple des Etats-Unis, dans le but de former une union plus parfaite, etc. » Il ne dit pas : « Nous, les représentants des *Etats*. »

Le gouvernement de la république Américaine n'est

pas un gouvernement fédératif dans la véritable acception du mot; c'est plutôt, comme l'a observé Tocqueville, un gouvernement général incomplet, un gouvernement *fédéro-national*, mixte.

Les Etats ont délégué au pouvoir général, national, le soin des intérêts qui sont exclusivement généraux et se sont réservé tout le reste. Dans la sphère des intérêts généraux, le gouvernement de l'Union commande directement à tous les citoyens des Etats-Unis; dans la sphère des intérêts locaux ceux-ci obéissent aux gouvernements des Etats. Si l'on joint à cela que nulle part la vie municipale n'est plus développée, on comprendra qu'ils ont réalisé de tout point le gouvernement du peuple par le peuple, ce qu'ils appellent le *self-government*. Mais ce n'est pas de quoi il s'agit maintenant.

Quelques exemples achèveront d'éclaircir la théorie aux yeux du lecteur européen. La représentation extérieure, l'organisation de l'armée et de la marine, le commerce, les droits d'importation et d'exportation, l'administration des postes, la vente ou location des terres publiques, voilà des affaires qui rentrent évidemment dans les attributions de l'Union et qui constituent l'orbite dans laquelle se meuvent les autorités fédérales. Tout le reste ou à peu près incombe aux Etats particuliers et aux municipalités.

Tandis qu'en France on a surchargé le gouvernement central d'attributions et d'attentions sous le faix desquelles il plie, et qui ne sont qu'autant de vexations pour la nation, en Amérique on les a réduites á la plus simple expression, et on a laissé aux Etats et aux particuliers le soin de régler, comme ils l'entendraient, les affaires qui ne sont pas absolument liées á l'intérêt commun.

On objectera que ce résultat est dû aux circonstances particulières du pays, mais peu importe comment les Américains sont arrivés à la vérité politique; peu importe le point de départ, pourvu que le but soit atteint.

Les Américains partirent de la souveraineté particulière des Etats qui était leur essence politique, leur *modus vivendi*, et, pour créer un pouvoir central directeur, un représentant collectif, ils durent imposer des restrictions sur certains points déterminés à cette souveraineté particulière. Sans cela il n'y avait pas d'union, pas de nation possible. (Voir à ce sujet les admirables commentaires de Hamilton et de Madison dans le *Fédéraliste*).

D'autres peuples ont suivi une marche inverse; ils ont démembré la centralisation pour constituer l'autonomie provinciale qui n'existait pas ou qui n'existait qu'en germe. C'est ainsi que les Argentins ont fondé les Provinces Unies de la Plata, et les Colombiens les Etats-Unis de Colombie. Le résultat est le même. Partout on a reconnu que la pratique des institutions libres impliquait nécessairement la distribution *sectionnelle* du pouvoir, le fractionnement de l'autorité.

Telle est donc la voie où nous devons entrer si nous voulons réellement la régénération de notre patrie. Si nous n'allons pas jusqu'au régime fédéro-national, ne craignons pas d'effectuer une large décentralisation. Ne constituons pas des souverainetés provinciales analogues à celles des Etats Unis; puisque la Révolution les a détruites, ne revenons point sur nos pas; il ne faut pas qu'on nous accuse de vouloir découper une trentaine de Francesdans la France que le monde connaît. Tenons-nous-en, pour ne pas augmenter les difficultés de la réorganisation, aux circonscriptions plus ou moins arbitraires qui existent et auxquel es on est habitué, conservons les départements. Plus tard peut-être, en voyant les résultats avantageux des institutions libres, on en viendra à les grouper par deux ou par trois, de manière à former de florissantes unités sociales qui seront autant de centres d'activité et de liberté politiques.

La nation française, renonçant aux errements dictatoriaux, monarchiques, centralisateurs (c'est tout un), se relèvera plus prospère, plus riche, plus forte que jamais, quand elle aura fait circuler dans toutes les parties du corps social la vie, qui, se concentrant aujourd'hui à la tête, détermine l'atrophie de tous les autres organes. La République, ainsi entendue, est le développement général de toutes les intelligences, de toutes les forces, de toutes, les virtualités nationales; c'est aussi, c'est surtout un vaste système d'éducation politique qui, en faisant appel à toutes les aptitudes, répandant l'instruction dans toutes les classes et à tous les degrés de la société, apprend à tous les hommes à confondre les affaires publiques avec leurs affaires particulières, et, par conséquent, fait de chacun d'eux autant de citoyens intéressés à la prospérité générale et à l'avancement continu de l'humanité.

II

Puisque nous laissons de côté la fédération pure et le gouvernement mixte ou fédéro-national, et que cependant nous voulons abolir les inconvénients du régime centralisateur et unitaire, qui est manifestement incompatible avec les institutions libres, il ne nous reste qu'à opérer la décentralisation, ou, pour mieux dire, à distinguer soigneusement les affaires qui doivent être de la compétence de la nation de celles qui sont exclusivement de la compétence des localités. Les premières continuent à rester centralisées; les secondes reviendront aux administrations départementales et communales.

La représentation extérieure de la nation est évidemment une affaire nationale : elle appartiendra donc au gouvernement national et restera centralisée.

L'organisation de l'armée et de la marine ainsi que sa direction sont aussi une affaire nationale; elles seront centralisées.

Les traités de commerce, les douanes, les postes, les télégraphes, les chemins de fer, les canaux, les routes, tout cela est d'un intérêt national et doit être centralisé.

Il ne peut y avoir d'équivoque sur le caractère de ces services publics. En pouvons-nous dire autant de l'administration de justice, qui est l'objet primordial des gouvernements? Nous ne le croyons pas. La justice, pour être bien rendue, doit subir une décentralisation. Il faut que la commune, le canton, le département aient le droit de nommer leurs juges et de constituer leurs tribunaux. Le peuple qui est appelé à s'administrer, à se gouverner, doit aussi se juger lui-même, et ce droit serait violé si les magistrats lui étaient imposés de loin, par l'autorité centrale. Cependant, pour maintenir l'unité de jurisprudence, au-dessus des tribunaux locaux nous conservons les cours d'appel et la Cour suprême. Nous leur donnons même une attribution qu'elles n'ont jamais eue en Europe, si ce n'est en Suisse depuis 1848, celle de veiller à l'interprétation de la Constitution et d'annuler les lois qui lui seraient contraires.

Quant à la législation, nous ne la scindons pas comme dans les républiques fédératives entre le Congrès National et les assemblées provinciales. Nous la laissons tout entière à la nation. Les conseils départementaux ne font pas de lois; ils font des arrêtés, des décrets, des ordonnances, des règlements, en un mot tout ce qui est exigé par l'administration locale.

Les finances doivent également être décentralisées. Il y aura un budget communal, un budget départemental, un budget national. Jusqu'à ce que les impôts soient parfaitement délimités, nous demandons qu'il soit fait deux parts du résultat de la perception, dont on défalquera celle qui est absolument nécessaire aux dépenses nationales, et dont l'autre sera consommée dans le département.

Les travaux publics seront décentralisés par le fait seul de l'organisation communale et départementale.

La police est décentralisée en partie; il y aura une police locale et une police générale, c'est-à-dire que les fonctionnaires de la première seront nommés par les autorités locales, et les autres par l'autorité nationale.

L'instruction publique sera scindée : il y aura des établissements nationaux et des établissements locaux; enfin des établissements libres comme dans tous les pays fédératifs ou unitaires.

Je ne parle pas du service des cultes, puisque je demande la séparation complète de l'Eglise et de l'Etat. La religion est affaire privée des citoyens, et ne saurait, sous aucun prétexte, entrer dans les attributions des pouvoirs publics.

Tels sont à grands traits les principes de l'organisation politique que je propose d'établir. Il faut y joindre les institutions économiques, qui seront partie locales et partie nationales et qui complèteront le système.

Cela posé, je commence par donner une forte Constitution à la Commune. La Commune est la molécule sociale par excellence. Une commune bien organisée simplifie considérablement la besogne gouvernementale; elle est d'ailleurs la meilleure école de la liberté. Je donne de nombreuses attributions á la commune; je lui restitue toute son autonomie et j'agrandis le municipe afin de le mettre en état de bien remplir sa mission.

Je conserve le canton, mais je supprime l'arrondissement qui, vraiment, n'a aucune raison d'être.

Je fais du conseil général une véritable assemblée départementale avec une autonomie réelle dans la sphère des attributions que nous avons soin de définir. Le conseil général régit le département et nomme l'administrateur qui prend la place du préfet. Le pouvoir central est représenté dans chaque département par un délégué qui ne peut s'ingérer dans l'administration locale : c'est l'administrateur qui est son agent naturel.

Les tribunaux départementaux sont aussi une émanation de l'autonomie locale.

Tous ces fonctionnaires sont d'ailleurs responsables et justiciables de cours spéciales et des tribunaux.

Dans tout cela c'est le principe électif qui domine : c'est l'application de la République.

Voilà pour la constitution départementale. On ne peut nous objecter que c'est du fédéralisme, car la constitution est uniforme pour tous les départements et elle est imposée par le Congrès constituant National. Pour être fédérative, il faudrait qu'elle fût le produit de la souveraineté provinciale, c'est-à-dire le travail d'une assemblée de constituants locaux, qui pourraient la varier á leur guise comme il arrive dans les cantons Helvétiques, aux États-Unis, dans les provinces Argentines.

Si l'on me dit que ce système de décentralisation, bon en temps de paix continue, énerverait l'autorité centrale en cas de guerre civile ou de guerre nationale, je répondrai avec l'exemple des États Unis : malgré leur organisation fédérative, ils ont écrasé la plus formidable insurrection des temps modernes, ou, pour mieux dire, ils sont venus à bout de toute la force de quinze états confédérés qui voulaient se séparer de l'Union, et qui avaient pu se préparer dès longtemps à l'entreprise qu'ils méditaient, favorisés qu'ils étaient par les autorités fédérales sorties jusqu'alors de leur sein.

Mais l'organisation décentralisée que je propose n'a pas ces inconvénients. Les Etats Américains, malgré la délégation qu'ils avaient faite, avaient conservé leurs droits particuliers (*state's rights*); à la rigueur, et, en bonne logique, ils pourraient sortir de l'Union sans que celle-ci eût rien à leur objecter : ne sont-ils pas souverains ?

Mais le département français n'a pas de souveraineté proprement dite qui ait précédé le pacte constitutif. Ce n'est qu'un démembrement de l'autorité centrale, une circonscription territoriale imaginée pour la facilité de l'administration, et qui en aucun cas n'aurait le droit de s'insurger contre le pouvoir souverain qui lui aurait donné naissance. Je dis en aucun cas parce que celui-ci est soumis à la constitution et enveloppé de tous les *freins*, de toutes les garanties qui sont inhérentes aux institutions libres.

Dira-t-on qu'un fonctionnaire local électif sera un mauvais agent de l'autorité centrale? je ne le crois pas, parce qu'il est toujours responsable de sa conduite. D'ailleurs le principe de la République représentative exige ce mode de nomination. Si vous n'allez jusque-là, retournez à la monarchie et continuez à être un peuple de valets, comme disait Paul-Louis Courier.

Mais j'ai dit plus haut que l'organisation et la direction de l'armée étaient exclusivement nationales. Par conséquent le pouvoir central sera seul juge des mesures qu'il aura à prendre en pareille matière. Il pourra par exemple, diviser la France en dix, en quinze, en vingt circonscriptions militaires, et placer à la tête de chacune des agents qui dépendront directement de lui et qui auront à lui répondre de leur conduite. Ces agents commanderont sans intermédiaire la force armée, milices, gardes nationales, réserves, etc., et, en cas de commotion intérieure ou de guerre étrangère, obéiront à l'impulsion des autorités nationales.

La seule objection que l'on puisse faire contre l'éligibilité des fonctionnaires locaux se trouve ainsi prévenue et détruite d'avance.

III

Reste à examiner la constitution générale. J'institue deux chambres législatives nationales. En 1848 j'étais, comme M. de Cormenin et tant d'autres, pour l'unité du pouvoir législatif; je suis revenu de cette erreur. L'expérience de la France, des Etats-Unis et des autres pays, négative d'un côté, positive de l'autre, a fait de la dualité de ce pouvoir un axiome de la science politique. Je renvoie ceux qui en douteraient encore aux commentaires de Hamilton et Madison, à celui de Story, aux livres de Grimke et de Lieber, à celui de Tocqueville sur la *Démocratie* en Amérique, aux études de M. Edouard Laboulaye sur la Constitution des Etats Unis, etc., etc.

La première chambre, celle des députés, représentera la nation en bloc, la population, l'élément national; la seconde représentera l'élément local : ce sera le Sénat ou Grand Conseil.

Il y aura un représentant par cent mille âmes, de manière que l'assemblée ne dépasse guère le nombre de 360. Je suis partisan des assemblées peu nombreuses comme Madison (1).

(1) ... « Dans toutes les assemblées très nombreuses, disait ce grand homme d'Etat, quelle que soit la condition des personnes qui la composent, la passion ne manque pas d'arracher le sceptre à la raison. Quand même chaque Athénien eût été un Socrate, chaque réunion du peuple Athénien n'en eût pas moins été une cohue de la populace....

».... En premier lieu, plus une assemblée est nombreuse, quelles que soient les personnes qui la composent, plus l'ascendant de la passion sur la raison y sera considérable.

» En second lieu plus le nombre est grand, plus grande sera la proportion des membres de connaissances bornées et de capacité médiocre.

» Eh bien! c'est, comme on sait, sur les hommes de cette espèce qu'agissent avec plus de force l'éloquence et l'habileté du petit nombre. Dans les républiques de l'antiquité où la masse entière du peuple se réunissait en personne, on voyait un orateur seul ou un

Il aura deux sénateurs par département, quelle qu'en soit la population. Ce nombre pourra paraître excessif si on le compare à celui des Etats-Unis, mais la division départementale étant donnée, il n'y a pas d'autre marche à suivre. Si le département était plus étendu, ainsi que le demandait Grimke, on pourrait réduire ce nombre de moitié, et l'importance du Sénat s'en accroîtrait d'autant.

Pour la constitution du pouvoir exécutif, je me sépare du système américain. Une présidence temporaire, même armée du droit de *veto*, n'est pas à craindre dans un pays qui jouit du régime fédératif parce que l'autorité est disséminée en fractions infinitésimales sur toute l'étendue d'un immense territoire, et chez un peuple habitué depuis plus de deux siècles au *self-government*. Elle offrirait des dangers sérieux, selon moi, chez une nation qui est restée monarchique dans ses mœurs, dans ses préjugés, dans ses institutions, et façonnée au joug de la centralisation et du despotisme, en un mot chez une nation de sujets et de soldats.

homme politique astucieux commander d'habitude avec une autorité aussi complète que si l'on eût mis un sceptre dans ses seules mains. Cela posé, plus une assemblée représentative sera nombreuse, plus elle participera des défauts des réunions collectives du peuple.

» L'ignorance sera la victime de la ruse, la passion l'esclave du sophisme et de la déclamation. La plus grossière erreur que puisse commettre un peuple est de supposer qu'en multipliant le nombre de ses représentants au-delà d'une certaine limite, il opposera une barrière plus forte au gouvernement de quelques individus. L'expérience lui fera voir au contraire que, s'il dépasse le nombre suffisant pour répondre aux besoins de la sécurité, des connaissances locales et des sympathies générales, il atteindra un but contraire à celui qu'il se propose. L'apparence du gouvernement peut devenir plus démocratique, mais l'âme en sera plus oligarchique. La machine s'élargira, mais les ressorts qui la dirigent en seront d'autant moindres et même d'autant plus secrets. »

Madison écrivait en 1788, c'est-à-dire avant le commencement de notre Révolution. Nous pouvons aujourd'hui juger de la profonde sagesse de ses paroles. Ce qui se passe en France, seulement depuis le mois de février, la conduite de l'Assemblée de Versailles, donne raison une fois de plus au rédacteur du *Fédéraliste*.

Même dans les états fédératifs, la présidence est une espèce de royauté temporaire qui ne va pas sans de graves inconvénients; nous en avons la preuve dans la République qui nous donne l'hospitalité depuis bien des années, et qui a adopté, tout en en allongeant le terme, l'institution Américaine. Nous voyons des présidents imposer des mesures politiques qui n'auraient pas peut-être l'approbation du peuple, si l'on se donnait la peine de le consulter plus souvent. Mais le président est le *chef suprême de la nation,* mais il a reçu l'investiture populaire, mais il est nommé pour six ans. Il faut bien subir ses illusions, ses erreurs, ses caprices, son arbitraire, ou se lancer dans la voie des conspirations et des révolutions.

Pour tous ces motifs je préfère le système Suisse : un conseil exécutif avec un président, pris dans son sein, nommé pour un an, élu par les conseils réunis.

Le pouvoir, a dit Béranger, est une cloche qui assourdit ceux qui la mettent en branle. Hélas ! nous ne le savons que trop. Tâchons donc de changer le sonneur, aussitôt que nous découvrons en lui des symptômes de cette surdité, ou plutôt, ne lui laissons pas le temps de la contracter.

J'introduis dans mon projet une institution analogue à celle de la Cour Suprême aux Etats-Unis. Là, ce grand et vénéré tribunal a une fonction politique qui en fait le gardien, l'interprête toujours respecté de la Constitution. C'est une découverte que la science politique doit aux Américains et qui a été importée dans la Confédération Suisse.

Le gouvernement des Etats-Unis est un gouvernement de *freins*, suivant l'expression de Grimke, et la Cour Suprême en est un, et des plus importants; elle est le frein de la puissance parlementaire qui dans tous les pays du monde a une tendance à abuser de ses prérogatives. Quand un Congrès fait une loi inconstitutionnelle, il suffit qu'un citoyen lésé par elle se présente à la Haute Cour pour qu'un arrêt de celle-ci l'annulle et la fasse tomber en désuétude.

Espérons que la France suivra l'exemple de la Suisse à cet égard.

J'ai appliqué le principe électif à toutes les branches du pouvoir judiciaire: c'est la conséquence inévitable des institutions libres. Quoiqu'on dise que l'inamovibilité est une garantie d'indépendance, je ne puis m'empêcher d'y voir un vestige de caste qui est incompatible avec la vraie République.

Il va sans dire que nous voulons le jury, mais le jury tel qu'il doit être, tel qu'il existe en Angleterre et aux Etats-Unis, et non le jury mutilé de nos cours d'assises, où il semble que le ministère public, s'attachant, toujours et quand même, à noircir les accusés, n'ait d'autre but que de satisfaire une vengeance personnelle.

Pour compléter cette analyse rapide, il me reste à parler d'une institution qui n'existe encore nulle part, du moins avec les proportions et les formes que je lui ai données. Je veux parler d'un conseil d'état qui serait l'émanation d'un congrès social, c'est-à-dire des diverses catégories qui composent la série sociale.

Le mode de représentation en vigueur aujourd'hui ne répond pas absolument aux exigences de la société, dont il ne reflète la composition que d'une manière incomplète et confuse. Il y a deux éléments qui dominent dans nos assemblées : l'élément avocat et l'élément littérateur. Or, les uns comme les autres ont des habitudes d'esprit peu logiques et des connaissances superficielles qui ne les rendent guère aptes à la solution des questions politiques et sociales; car enfin il ne suffit pas d'avoir le talent de l'expression pour être un législateur, un homme d'Etat. Des orateurs peuvent faire de fort belle éloquence et de fort mauvaise politique, et cependant il en est beaucoup qui s'imaginent avoir sauvé la patrie quand ils ont prononcé un magnifique discours. C'est là l'écueil du régime parlementaire; il tend à substituer les hommes de parole aux hommes de science, d'action et de pratique. Dieu me garde de faire des allusions! Je me borne à énoncer un fait qui saute aux yeux de tont le monde.

Pour que la société fût réellement représentée dans une assemblée, il faudrait y trouver des individus de toutes les professions qui la composent, et, comme notre époque moderne est éminemment travailleuse et scientifique, il va de soi que les éléments prédominants devraient sortir de la classe des travailleurs et de celle des savants, c'est-à-dire de celles qei constituent réellement la théorie et la pratique sociales. Alors on aurait une assemblée de législateurs compétents. Sans doute on en viendra là un jour, quand la période de décomposition sociale où nous nous débattons sera finie, et que la société sera remise sur sa base véritable, celle du travail et de la science, à l'exclusion de tout parasitisme et de toute fausse conception théologique ou métaphysique.

Aujourd'hui il est peut-être trop tôt pour former une Assemblée législative des représentants de la série sociale, mais l'on peut sans inconvénient faire une Assemblée consultative, dont la mission sera de discuter les questions qui intéressent les diverses corporations et de présenter des propositions et des projets de loi.

Ici j'ai aussi appliqué le principe électif, car il ne servirait à rien de rechercher une organisation scientifico-industrielle, si l'on devait immédiatement retomber dans les défauts de coteries académiques. La science y serait de nouveau compromise, le progrès étouffé, l'égalité niée, la liberté renvoyée aux calendes grecques.

Telle est, selon moi, la Constitution qui convient le mieux à la France actuelle. Ma conviction est que, si les bases en sont adoptées, elle fera la régénération politique, intellectuelle et morale de ce généreux peuple qui s'est toujours dévoué pour les grandes idées, mais qu'une passion malheureuse pour une unité mal comprise et pour une centralisation absorbante égare depuis trop longtemps dans une voie hérissée de questions insolubles et d'obstacles insurmontables.

La liberté n'a pas encore été écrite en français, dit le publiciste américain Gonzalez; c'est en anglais qu'il faut la lire.

Ainsi ai-je fait. Pour rédiger ce projet de Constitution j'ai eu sous les yeux :

La Constitution des Etats-Unis d'Amérique de 1788.
La Constitution de l'Etat de Massachussetts.
La Constitution de l'Etat de New-York.
La Constitution de l'Etat de l'Ohio.
La Constitution de l'Etat de Californie.
La Constitution de l'Etat de l'Illinois.

La Constitution de la Confédération Suisse, réformée en 1848.

La Constitution du canton de Valais.

La Constitution des provinces unies du Rio de la Plata de 1853, réformée en 1860.

La Constitution de la province d'Entrerios de 1860.

La Constitution de Buénos-Ayres de 1854.

Un projet de Constitution pour la province de Buénos-Ayres par M. Florentino Gonzalez, 1870.

L'organisation politique et économique de la Confédération Argentine par M. J.-B. Alberdi, ancien ministre plénipotentiaire de cette puissance près des cours européennes.

Le Fédéraliste, collection d'écrits publiés en 1788 sur la Constitution des Etats-Unis par Hamilton, Madison et Jay.

Le commentaire de la même Constitution par Story.

Nature et tendance des institutions libres par Frédéric Grimke.

Liberté civile et *self-government* par Lieber.

Leçons de droit constitutionnel à l'université de Buénos-Ayres, par M. Gonzalez.

J'avoue que je n'ai pas regardé une seule Constitution française. Quant à nos auteurs, je n'ai lu que la *Démocratie* en Amérique de Tocqueville, le *Principe fédératif* de Proudhon, les études de M. Edouard Laboulaye sur la Constitution des Etats-Unis, c'est-à-dire des écrivains qui se rattachent à l'école Américaine. Je dois mentionner aussi un opuscule de M. Gustave Chaudey, l'*Empire parlementaire*, la *Démocratie* par M. E. Vacherot, bien que je n'aie pu en adopter les conclusions, et enfin la *Liberté* par M. Jules Simon.

Je n'ai pas ouvert Rousseau, ne me souvenant que du titre du *Contrat social*, et j'engage tous mes coreligionnaires à en faire autant. C'est la funeste école du citoyen de Genève qui depuis quatre-vingts ans empêche l'avénement de notre patrie à la liberté politique. C'est elle qui a rendu la République odieuse et retardé, sinon compromis, le triomphe de la démocratie européenne.

Déclamatoire en littérature, rétrograde en philosophie, oppressive en politique, paradoxale en presque tout le reste, elle constitue dans notre histoire une aberration déplorable à laquelle il serait temps de mettre un terme.

Ajouterai-je qu'arrivé en Amérique quelques mois après la bataille de Caseros et la chûte du dictateur Rosas j'ai pu voir de près des événements politiques d'une grande portée pour le Nouveau Monde? j'ai vu débattre et fonder la Constitution de la République Argentine, qui est assurément une des plus libérales; j'en ai connu les législateurs et les hauts fonctionnaires, j'ai discuté avec eux et enfin, après la théorie, j'ai pu assister à l'expérience. Je puis en citer ici une décisive. Ce pays après cinquante ans d'agitations causées par les prétentions d'un parti unitaire, qui voulait l'entraîner dans une folle imitation de la Constitution française, n'a trouvé la paix, la stabilité et le progrès que dans l'adoption des institutions américaines, encore qu'elles soient imparfaitement appliquées à cause de l'ignorance du peuple et de la dissémination des habitants sur une grande étendue de territoire.

IV

Et maintenant le lecteur sait ce que j'ai voulu faire. Si je lui présente ces idées avec quelque confiance, c'est qu'elles sont le résultat de l'élaboration de tout un continent. Puissent-elles germer et prospérer sur le sol dévasté du Vieux Monde comme elles ont grandi et fructifié sur le terrain vierge du Nouveau!

C'est le souhait que forme un enfant perdu de la patrie en lui envoyant à travers l'Océan ces feuilles légères, témoignage d'affection et de dévouement à une mère qu'on ne saurait oublier malgré ses défaillances et ses erreurs, mère de tant de grands esprits et de tant de cœurs généreux, initiatrice du droit, martyre de la Révolution, messagère de la science et de la philosophie, reine de la littérature, héroïne de l'indépendance des peuples, dont les désastres comme les triomphes ont leur contre-coup dans l'univers entier, qui résume, en quelque sorte, dans son histoire toute l'histoire et dans ses destinées toutes les destinées de l'humanité.

Nous, les Représentants du peuple Français, réunis en Congrès général constituant, voulant établir le règne de la justice et assurer à tous les citoyens les bienfaits de la liberté politique et de l'égalité sociale, procurer le bien-être général, pourvoir à la défense commune, consolider la paix intérieure et réaliser l'amélioration intellectuelle et morale de tous les hommes, décrétons et établissons la présente Constitution pour la République Française.

CHAPITRE PREMIER.

Principes, droits et garanties fondamentales.

Art. 1er. — La nation française adopte pour son gouvernement la République représentative et décentralisée, conformément á la présente Constitution.

Art. 2. — Tout pouvoir politique est inhérent au peuple. Le gouvernement est institué pour la protection et l'utilité de celui-ci; le peuple a le droit de réformer, changer et abolir ce gouvernement chaque fois qu'il le jugera convenable.

Art. 3. — Aucun culte ne sera subventionné par l'Etat. Tout concordat est aboli, une séparation complète, effectuée entre l'Etat et l'Eglise catholique. Néanmoins c'est une obligation de l'Assemblée nationale d'assurer á chaque secte le libre exercice de son culte.

Art. 4. — Tous les Français sont égaux devant la loi et devant le travail. En conséquence toute profession fondée sur l'exploitation d'autrui et le parasitisme devra être bannie de la République.

Art. 5. — Tout Français valide est tenu au service militaire de 20 à 45 ans.

Art. 6. — Tout individu résidant dans le pays, soit indigène soit étranger, a le droit d'exprimer sa pensée au moyen de la presse, sans encourir aucune responsabilité pour les doctrines qu'il défendra ou proposera, ou pour les attaques qu'il pourra diriger contre les employés ou fonctionnaires publics, à moins que ses écrits ne contiennent des injures personnelles qualifiées de délits par la loi.

En ce cas il devient justiciable du jury; un jury seul pourra décider s'il doit être poursuivi, et un autre jury, prononcer sur sa culpabilité.

Art. 7. —L'industrie de l'imprimerie est complètement libre; les brevets sont abolis.

Art. 8. — Tous les individus domiciliés sur le territoire de la République pourront se réunir publiquement, sans armes, pour adresser des pétitions à quelque autorité que ce soit, et pour discuter les affaires publiques et privées; ils pourront y émettre librement leurs opinions sans encourir aucune responsabilité. Mais aucune réunion, de quelque espèce qu'elle soit, ne pourra prendre le nom du peuple à l'effet d'adresser des pétitions aux autorités ou pour prendre des résolutions en son nom et en cette qualité. Les membres d'une réunion, qui contreviendront à cette prescription, pourront être poursuivis comme coupables de sédition. Les citoyens, réunis en petit ou en grand nombre, parlent et décident pour eux-mêmes et en leur nom, mais le peuple ne parle, ne décide que par l'intermédiaire de ses représentants.

Art. 9. — Tout individu peut acquérir et posséder des biens meubles et immeubles, droits ou actions, et en somme toute espèce de propriété qui lui sera transmise par héritage, donation, cession, vente ou achat, ou à tout autre titre autorisé par la loi.

Sont exceptés de ce droit les communautés, établissements ou corporations, à moins que ce ne soient un hôpital ou une maison de bienfaisance, une école, un collége ou une université fondés par des particuliers et établis par des dispositions législatives de l'Etat ou par les autorités municipales et départementales.

Art. 10. — Nul ne sera exproprié pour cause d'utilité publique sans indemnité préalable.

Art. 11. — Tout citoyen a le droit de posséder et de porter des armes, mais non en plus grand nombre que celui qui est nécessaire pour son usage ou pour celui des personnes de sa famille et de son service aptes au service militaire.

Art. 12. — Une loi spéciale statuera sur la composition de l'armée permanente, de la première et de la seconde réserve, ainsi que des corps spéciaux et sur l'instruction militaire.

Art. 13. — L'autorité militaire sera toujours subordonnée à l'autorité civile. Il n'y aura pas de garnison dans l'intérieur du pays. L'armée permanente, en temps de paix, sera placée aux frontières et réduite au *minimum*.

Art. 14. — Nul ne pourra être obligé à loger des soldats en temps de paix, et en temps de guerre cela ne pourra se faire que conformément à la loi.

Art. 15. — Il ne pourra en aucun temps et sous aucun prétexte, être créé de tribunaux d'exception. Le jugement par jurés sera assuré à tous, il sera toujours inviolable.

En ce cas nul ne pourra être traduit devant les tribunaux que sur la plainte ou accusation d'un grand jury, à moins qu'il ne s'agisse d'un délit de peu d'importance, ou de cas arrivés dans l'armée et la marine, ou dans la milice, en temps de guerre et de péril public.

Art. 16. — Les fonctionnaires publics seront justiciables de cours spéciales établies par cette Constitution; mais celles-ci ne pourront que suspendre l'employé convaincu de mauvaise conduite, le délit commun devant ressortir aux tribunaux ordinaires.

Art. 17. —Nul ne pourra être arrêté ni détenu si ce n'est en vertu de la déposition assermentée d'un témoin qui affirme qu'il a commis un délit qui le rend passible de l'action de la justice. En ce cas l'autorité qui décrètera l'arrestation ou la détention signera un mandat spécifiant le nom de la personne ainsi que le délit qu'on lui impute, et la déclaration qu'il est poursuivi sur une déposition assermentée. Aucun directeur de prison ou concierge n'admettra un prisonnier sans qu'on lui présente en même temps le susdit mandat, sous peine d'être lui-même châtié pour détention arbitraire.

Art. 18. — Nulle perquisition ne pourra être faite au domicile des citoyens à moins d'un ordre du chef ou officier de police ou du juge chargé de la poursuite du délinquant; cet ordre ne pourra être donné que sur la déposition assermentée d'un témoin qui assure qu'il s'y trouve un criminel fugitif ou un individu accusé de délit, ou les armes et instruments qui ont servi à perpétrer le crime.

Art. 19. — La correspondance et les papiers particuliers des citoyens seront à l'abri de toute recherche, à moins de circonstances judiciaires qui en exigent la lecture, mais cette connaissance ne pourra être prise qu'en vertu de dépositions assermentées par les juges chargés de l'instruction de l'affaire.

Art. 20. — Quand un accusé sera détenu sous la présomption d'un délit qui n'entraîne pas une peine afflictive, travaux forcés ou réclusion pour plus de deux ans, il pourra être mis en liberté sous la caution de deux citoyens qui s'obligent à payer la somme déterminée par le chef de police ou par le juge qui aura décrété l'accusation, dans le cas où l'accusé ne comparaîtrait pas au jugement, et, le cas échéant, l'argent de la caution sera encaissé, l'accusé restant sujet aux poursuites et jugement, sans que, sous aucun prétexte, il puisse être admis dès lors au bénéfice de la caution.

Art. 21. — La liberté d'enseignement existe sur tout le territoire de la République. Chacun a le droit de recevoir et de donner l'instruction qu'il juge convenable dans les écoles, colléges ou universités dûs à l'initiative privée. Dans les établissements de l'Etat, il y aura des méthodes fixées par la loi et des règlements décrétés par l'autorité; mais les professeurs conserveront toujours la liberté d'enseigner les principes et les doctrines qu'ils croiront les plus conformes à la raison.

Art. 22. — Toute loi, décret ou ordre d'une autorité quelconque, qui est en contradiction avec les dispositions des articles précédents, est inconstitutionnel, et ne pourra être appliqué par les juges. Quiconque aura subi les effets d'un ordre violant ou restreignant lesdits droits, libertés et garanties, pourra demander des dommages-intérêts et poursuivre à cet effet le fonctionnaire qui l'aura donné.

Art. 23. — L'énumération de droits et de garanties antérieure n'implique en rien la négation, ni l'amoindrissement de tous les droits qui émanent du principe de la souveraineté du peuple et de la nature de l'homme libre.

CHAPITRE II.

Autorités de la République.

Art. 24. — La France conserve sa division en départements, mais la subdivision en arrondissements est abolie; les départements seront divisés en cantons, les cantons en communes ou municipalités.

Les communes devront compter deux mille âmes au *minimum* pour avoir droit à l'institution municipale. En conséquence celles qui n'auront pas ce chiffre seront groupées avec les voisines afin de présenter l'agglomération nécessaire.

Commune ou Municipalité.

Art. 25. — Dans chaque commune il y aura un conseil municipal composé du nombre de membres qui sera déterminé par la loi, élus directement par les électeurs mucipaux, lesquels devront avoir au moins un an de domicile dans la commune. Pour faire l'élection on divisera la commune en autant de sections qu'il y aura de membres à nommer au conseil municipal, et chaque section nommera un membre du conseil.

Art. 26. — Les conseillers municipaux seront nommés pour deux ans, mais le conseil se renouvellera par moitié tous les ans. A cet effet il sera tiré au sort pour savoir quels sont ceux qui doivent sortir du conseil la première année.

Les conseillers sont rééligibles.

Art. 27. — Les étrangers domiciliés peuvent être élus conseillers municipaux : ils sont également électeurs.

Art. 28. — Le conseil est indépendant dans l'exercice de ses fonctions; il nomme son président, son vice-président, son secrétaire, son trésorier, enfin tous les fonctionnaires qu'il juge nécessaires dans son sein ou en dehors de lui.

Il forme des commissions pour la répartition et l'expédition des affaires, qui peuvent délibérer et agir isolément, sauf à en rendre compte à l'assemblée générale, qui se réunit autant de fois que les circonstances semblent l'exiger, à la convocation du président ou à la demande des membres.

Il décrète des contributions locales, et contracte des emprunts.

Il a l'administration exclusive de ses fonds et de ses revenus.

Il rend des arrêtés dans la sphère de ses attributions.

Art. 29. — Les attributions du conseil municipal comprennent :

La surveillance de l'instruction primaire et des écoles; la police, la sécurité, la salubrité, l'ornement des localités, l'éclairage, les halles, les marchés, les docks, les entrepôts agricoles, les bazars, les établissements sociétaires, les succursales de la banque départementale, les assurances contre les divers fléaux (inondation, incendie, épizootie, grêle, vieillesse, maladies, mort), sauf entente et harmonisation avec le canton et le département, le service médical, les asiles, les crèches, les maisons de santé, les pénitenceries, les mesures relatives à l'assistance, à la bienfaisance, à l'extinction de la mendicité et du paupérisme, la construction et l'entretien des routes vicinales et des ponts, l'administration des biens communaux, la rente des terres, le loyer des maisons, l'organisation des compagnies ouvrières pour l'exécution des travaux publics, pour le service des entrepôts et magasins, l'organisation des sociétés maçonniques pour la construction, l'entretien, la location des maisons et le bon marché des habitations, la justice de paix, la tutelle des veuves et des orphelins, la défense des mineurs, la répartition de l'impôt.

En un mot tout ce qui peut améliorer la condition sociale des habitants de la commune.

Art. 30. — Dans chaque commune il y aura un chef de police nommé par l'administrateur départemental sur une triple proposition du conseil municipal, lequel sera l'agent de l'administrateur pour faire exécuter les ordres et les arrêtés de l'autorité supérieure, poursuivre, arrêter les délinquants, les mettre à la disposition du juge compétent avec toutes les preuves de criminalité qu'il pourra réunir et s'assurer de leurs personnes.

Le chef de police fera exécuter les arrêtés du conseil, lorsque celui-ci ne chargera pas de ce soin son président ou quelqu'un de ses membres.

Conseil cantonal.

Art. 31. — Il y aura au chef-lieu de chaque canton un conseil cantonal formé des délégués des communes, à raison d'un membre pour chaque commune. Sa mission sera de contrô er et d'harmoniser les décisions des conseils communaux et de leur servir d'intermédiaire auprès des autorités départementales.

Art. 32. — Le conseil se réunira de droit le premier janvier de chaque année et restera en session pendant un mois.

Art. 33. — Il nommera un président et un vice-président et tous les employés qu'il jugera nécessaires.

Art. 34 — Pendant son absence il chargera une commission permanente de veiller aux affaires du canton, conjointement avec le président.

Art. 35 — Le conseil cantonal sera nommé pour deux ans, mais il sera renouvelé par moitié tous les ans, le tirage au sort devant décider quels sont ceux qui doidoivent sortir la première année.

Les conseillers sont rééligibles.

CHAPITRE III.

Conseil départemental.

Art 31. — Dans chaque département il y aura un conseil départemental, composé des représentants des cantons, à raison d'un représentant par dix mille âmes, qui se réunira au chef-lieu et qui sera chargé de l'administration du département.

Art. 32. —Le conseil départemental est nommé pour deux ans, mais il se renouvelle par moitié chaque année. A cet effet on tirera au sort pour savoir quels sont les membres qui doivent sortir au bout de la première année.

Les conseillers départementaux sont rééligibles.

Art. 33. — Pour être élu conseiller départemental, il faut être citoyen français, âgé de vingt-cinq ans, et avoir au moins un an de domicile dans le département.

Art. 34 — Pour prendre part aux élections du conseil départemental, il faut être citoyen français, être âgé de vingt et un ans si l'on sait lire et écrire, et de vingt-cinq ans dans le cas contraire, et avoir un an de domicile dans le département.

Art. 35. — Ne peuvent être conseillers départementaux les représentants du peuple ni les sénateurs, ni les membres des tribunaux départementaux ou nationaux, ni les employés à solde des départements ou de la nation.

Art. 36. — Le conseil départemental se réunira de droit le premier janvier de chaque année et aura une session de deux mois.

Art. 37. — Les membres du conseil départemental auront une indemnité, qui sera déterminée par la loi, pour leurs frais de séjour, de voyage et autres dépenses occasionnées par l'interruption de leur profession ou l'abandon de leurs affaires personnelles.

Art. 38. — Le conseil départemental a les attributions suivantes :

1° Juger et qualifier la validité des élections de ses membres, réglementer ses discussions, réprimer les fautes parlementaires de ses membres conformément aux statuts de son régime interne.

2° Elire l'administrateur général du département;

3° Elire les sénateurs au Congrès National.

4° Rendre les décrets et arrêtés relatifs à l'administration interne du département.

5° Décréter les contributions et contracter les emprunts sur les fonds du département.

6° Régler la division civile et judiciaire pour l'administration du département.

7° Organiser le régime municipal.

8° Décréter l'exécution des travaux publics exigés par l'intérêt du département, ponts et routes départementales, etc.

9° Qualifier les cas d'expropriation pour cause d'utilité publique.

10° Décréter le budget des dépenses annuelles du département, approuver ou rejeter l'emploi des sommes votées.

11° Exiger annuellement de l'administrateur général le compte-rendu des revenus publics ainsi que tous les renseignements nécessaires sur cette matière.

12° Faire comparaître l'administrateur dans son enceinte chaque fois qu'il le jugera nécessaire et le juger en cas de prévarication, violation de la Constitution ou autre délit. En ce cas il sera destitué et mis à la disposition des tribunaux. Mais cette disposition ne pourra être prise qu'à la majorité des deux tiers des membres présents.

13° Statuer sur l'usage et l'aliénation des propriétés départementales.

14° Accorder des pensions, des récompenses de caractère local et pour des causes de cette nature.

15° Veiller à la perception de toutes les contributions du département, celles-ci devant se diviser en deux parts, l'une qui sera remise aux employés de la nation pour être affectée aux dépenses nationales, et l'autre consommée sur place par les autorités départementales.

16° Organiser et surveiller l'instruction publique dans les colléges et écoles départementaux, prenant pour poin de départ le travail manuel et l'instruction professionnelle.

17° Organiser le service des assurances contre les divers fléaux, sauf entente et harmonisation avec les autres départements, ainsi qu'avec les cantons et communes.

18° Organiser et surveiller le service de charité départemental avec toutes les institutions corrélatives.

19° Organiser le service de crédit départemental, sauf harmonisation avec les communes et les autres départements.

20° Organiser et surveiller le service des entrepôts, docks, marchés, halles et établissements sociétaires départementaux,

21° Organiser et surveiller le service de statistique, de publicité et d'annonces pour la fixation des prix et la détermination des valeurs.

22° Prendre toutes les mesures qu'il jugera convenables pour l'amélioration morale, intellectuelle et matérielle des habitants du département.

23° Nommer le tribunal supérieur du département, ainsi que ceux de district, sur une triple proposition faite par l'administrateur général.

24° Nommer pour le temps de son absence une commission permanente composée de cinq membres qui devra surveiller l'administrateur général et lui donner les renseignements nécessaires.

Commission permanente départementale.

Art. 39. La commission départementale, avant d'entrer en vacances, nommera une commission parmi ses propres membres, composée de cinq membres dont elle élira le président, et qui aura les attributions suivantes :

1° Veiller à l'observation des décrets et arrêtés du conseil, et faire à l'administrateur général les indications nécessaires à cet effet.

2° Informer le conseil de tout ce qui sera arrivé pendant son absence et qui rentre dans ses attributions.

3° Rédiger les projets d'arrêtés et d'ordonnances dont elle aura été chargée, pour les présenter au conseil à la prochaine session.

4° Aider l'administrateur dans l'interprétation des arrêtés et ordonnances du conseil.

5° Recevoir les procès-verbaux des élections et convoquer le conseil à des séances préparatoires pour les examiner.

6° Rendre compte à l'administrateur général des vacances qui surviennent dans l'intervalle des sessions, afin que celui-ci prenne les mesures nécessaires à leur remplacement.

7° Convoquer le conseil en cas d'urgente nécessité.

CHAPITRE IV.

L'administrateur départemental.

Art. 40 Pour être élu administrateur départemental, il faut être citoyen français, avoir trente ans et six mois de domicile dans le département.

Art. 41. L'administrateur est nommé pour un an; il est rééligible; ses appointements sont votés par le conseil.

Art. 42. L'administrateur aura un substitut qui sera également nommé par le conseil départemental, pour la même période, et qui devra le remplacer en cas d'impossibilité physique ou morale, démission, suspension, jugement ou mort.

Art 43. Dans le cas où les deux fonctionnaires viendraient a manquer, le conseil procédera immédiatement à l'élection de deux nouveaux fonctionnaires pour finir la période commencée.

Art. 44. Durant l'intervalle de l'élection, le président du conseil prendra la direction de l'administration pour un terme qui ne pourra excéder un mois.

Art. 45. Les attributions de l'administrateur départemental sont les suivantes :

1° Exécuter les lois et décrets du gouvernement national dans la sphère du département.

2° Publier et faire exécuter les arrêtés et ordonnances du conseil départemental.

3° Assister tous les ans à l'ouverture du conseil, l'informer de la situation de l'administration et lui recommander les mesures qu'il croit nécessaires à l'amélioration morale et matérielle des habitants du département.

4° Proroger la session du conseil et le convoquer extraordinairement lorsque l'intérêt du département l'exige.

5° Nommer et révoquer tous les employés départementaux qui dépendent immédiatement de lui et les autres conformément à la loi.

6° Faire les règlements nécessaires pour l'exécution des arrêtés, décrets, ordonnances du conseil.

7° Présenter le compte-rendu des dépenses conformément au budget six jours après l'ouverture de la session.

8° Inspecter les colléges et institutions d'instruction publique départementaux, les établissements de bienfaisance et toutes les branches de l'administration qui rentrent dans les attributions départementales.

9° Correspondre avec le délégué du gouvernement national qui réside dans le département et avec les administrateurs des autres départements.

10° Envoyer au congrès national et au conseil exécutif national des copies authentiques de tous les arrêtés et ordonnances du conseil départemental pour savoir s'ils sont conformes á la constitution générale.

Art. 46. L'administrateur est responsable et peut être accusé devant le conseil du département pour des actes où il aurait violé ou laissé sans exécution la constitution départementale, et devant le Sénat de la nation pour des actes où il aurait violé la constitution et les lois nationales.

Art. 47. Les décrets de l'administrateur général devront être contresignés par le secrétaire général pour être exécutoires.

Art. 48. Le secrétaire sera nommé par l'administrateur

CHAPITRE V.

Le délégué national.

Art. 49. Il y aura au chef-lieu de chaque département un fonctionnaire qui représentera le conseil exécutif national, nommé par celui-ci, sous le titre de délégué.

Ses attributions seront de l'informer de tout ce qui se passe dans le département et de lui servir d'intermédiaire avec les autorités départementales, mais sans qu'il puisse jamais prendre aucune part directe dans l'administration du département.

CHAITRE VI.

Pouvoir judiciaire départemental.

Art. 50. Toute commune sera divisée en quartiers. dont chacune aura son juge inférieur pouvant juger toutes les questions jusqu'à une somme déterminée (50 fr., par exemple) et par conciliation à des sommes supérieures.

Il y aura un juge communal pour toute la commune qui jugera en appel les questions non résolues par le juge inférieur et dont la compétence s'étendra jusqu'à une somme plus élevée (400 fr., par exemple). Appel pourra être fait de son jugement au jugé cantonal. Il y aura un juge cantonal dont la juridiction s'étendra á toutes les communes du canton, et dont la compétence sera également déterminée.

Art. 51. Les juges de la commune seront nommés par l'administrateur départemental sur une simple proposition faite par le conseil municipal.

Art. 52. Le juge cantonal sera nommé dans la même forme sur une triple proposition faite par le conseil cantonal.

Art. 53. Les fonctions de juges de quartier et de commune sont gratuites, et les nominations renouvelées tous les ans, mais nul ne pourra être contraint à les exercer deux années de suite s'il ne s'y prète volontairement. Les juges de canton seront nommés pour deux ans et pourront être renommés; ils auront des appointements déterminés par la loi.

Art. 54. Indépendamment des cantons, le département sera divisé en districts judiciaires, qui auront chacun leur tribunal, et il y aura au chef-lieu un tribunal départemental. Les membres des uns et de l'autre seront nommés conformément á l'art. 38.

Art. 55. Il pourra être fait appel des décisions des tribunaux départementaux aux cours d'appel ou tribunaux nationaux, et des décisions de ceux-ci à la cour suprême ou de cassation.

Art. 56. Les parties pourront toujours recourir à des

arbitrages, même après qu'une affaire litigieuse aura été entamée devant les tribunaux.

Art. 57. Nul procès criminel ne pourra être intenté sans une accusation préalable du grand jury.

Art. 58. Le grand jury se composera de vingt-trois membres au plus, de douze au moins, et la liste s'en formera parmi les habitants les plus voisins de l'accusé, pourvu qu'ils ne soient point suspects de complicité ni impliqués dans l'affaire.

Art. 59. L'accusation, étant fondée sur la déclaration de douze membres, sera renvoyée au petit jury, composé de douze membres, qui statuera sur la culpabilité de l'accusé, celui-ci ayant toujours son droit de récusation.

Art. 60. Dans les questions civiles où une des parties demandera l'intervention du jury, la qualification du fait sera réservée à celui-ci, et le tribunal se bornera à appliquer la loi.

Art. 61. Les prévarications, concussions, abus de pouvoir des fonctionnaires communaux, cantonaux et départementaux sont justiciables des tribunaux.

CHAPITRE VII.

Gouvernement National.

Du pouvoir législatif.

Art. 62. Un congrès ou assemblée nationale, composé de deux Chambres, une de représentants de la nation ou conseil national, et une autre de sénateurs ou grand conseil, élus par les départements, exercera le pouvoir législatif de la République.

La Chambre des représentants (conseil national).

Art. 63. Le conseil national se compose des représentants du peuple français, élus directement à raison d'un membre par chaque cent mille âmes de la population totale.

Les fractions en sus de cinquante mille âmes sont comptées pour cent mille.

Art. 64. Pour procéder aux élections il sera formé autant de circonscriptions qu'il y aura de représentants à élire.

Art. 65. Est électeur tout citoyen français, âgé de vingt-un ans, sachant lire et écrire, et dans le cas contraire, âgé de vingt-cinq ans, et ayant six mois de domicile.

Art. 66. Est éligible comme membre du conseil national tout citoyen français âgé de vingt-cinq ans et ayant droit de voter.

Art. 67. Les Français devenus citoyens par la naturalisation ne sont éligibles qu'après deux ans de la possession du droit de cité.

Art. 68. L'élection des représentants se fera au chef-lieu du canton, au scrutin secret.

Art. 69. Les représentants sont nommés pour quatre ans et sont rééligibles, mais le conseil se renouvellera par moitié chaque deux ans; à cet effet le conseil tirera au sort pour savoir quels sont ceux qui doivent sortir au bout de la première période.

Art. 70. En cas de vacance, le gouvernement fait procéder à une nouvelle élection.

Art. 71. Le conseil des représentants possède exclusivement l'initiative des lois sur les contributions et levée des troupes.

Lui seul exerce le droit d'accuser devant le Sénat le président et le vice-président du conseil exécutif ainsi que les autres membres, les membres des deux Chambres, ceux du Tribunal Suprême, pour délits de trahison, concussion, malversation des fonds publics, violation de Constitution et autres, après qu'il en aura été informé soit par pétition de partie intéressée, soit sur la motion de quelqu'un de ses membres, et après avoir declaré qu'il y a lieu à poursuivre à la majorité des deux tiers des membres présents.

Art. 72. Le conseil national choisit dans son sein pour chaque session ordinaire ou extraordinaire, son président et son vice-président.

Lorsque les avis sont également partagés, le Président a la voix prépondérante; dans les élections il vote comme les autres membres.

Art. 73. Les membres du conseil national ont une indemnité qui sera déterminée par la loi.

CHAPITRE VIII.

Du Sénat.

(Conseil des départements, Grand Conseil).

Art. 74. Le Grand Conseil ou Sénat se compose de deux députés par département, quelle que soit la population de celui-ci, élus par les conseils départementaux à la pluralité des suffrages.

Art. 75. Pour être élu sénateur, il faut être citoyen français, âgé de trente ans, ou être naturalisé depuis six ans.

Art. 76. Les sénateurs sont nommés pour six ans, mais le Sénat se renouvellera par tiers tous les deux ans; le sort décidera dès la première réunion quels sont ceux qui doivent sortir à la première et à la seconde période.

Art. 77. Le Sénat choisit dans son sein pour chaque session ordinaire ou extraordinaire un président et un vice-président.

Lorsque les avis sont également partagés, le président a la voix prépondérante; dans les élections il vote comme les autres membres.

Art. 78. Au Sénat incombe le jugement public des individus accusés par la chambre des représentants, après que ses membres ont prêté serment à cet effet. Quand l'accusé sera le président du Conseil exécutif, le Sénat sera présidé par le président de la Cour Suprême. La culpabilité devra être prononcée par la majorité des deux tiers des membres présents.

Son jugement n'aura d'autre effet que de destituer l'accusé et de le déclarer incapable d'occuper aucun emploi honorifique ou soldé dans la République. Mais la partie condamnée restera sujette à accusation, jugement et châtiment, conformément aux lois, devant les tribunaux ordinaires.

Art. 79. Le Sénat autorise le président du conseil exécutif à déclarer en état de siège un ou plusieurs points de la République en cas d'attaque extérieure.

Art. 80. Les sénateurs reçoivent une indemnité de la nation.

CHAPITRE IX.

Dispositions communes aux deux conseils.

Art. 81. Les deux conseils s'assemblent chaque année une fois, en session ordinaire, depuis le 1er novembre jusqu'au 1er mai.

Art. 82. Le conseil exécutif peut aussi les convoquer extraordinairement et les proroger; ils peuvent également se réunir sur la demande du quart des membres du conseil National ou sur celle de quinze départements.

Art. 83. Chaque chambre est juge des élections, droits et titres de ses membres.

Aucune n'ouvrira ses séances sans la majorité absolue de ses membres; mais un nombre inférieur pourra obliger les membres absents à se présenter à la séance, dans les termes et sous les peines établis par elle.

Art. 84. Les deux chambres commencent et terminent leurs sessions en même temps. Aucune ne peut suspendre ses séances durant plus de trois jours sans le consentement de l'autre.

Art. 85. Chaque chambre fera un règlement, et pourra, à la majorité des deux tiers des voix, infliger une correction à qui que ce soit de ses membres pour faute de conduite dans l'exercice de ses fonctions, l'éloigner pour incapacité physique ou morale, ou même l'exclure de son sein, mais il suffira de la moitié plus un des membres présents pour décider des démissions volontaires.

Art. 86. Les sénateurs et représentants prêteront serment, an moment d'entrer à l'Assemblée, d'agir en tout conformément à la Constitution.

Art. 87. Aucun membre du Congrès ne peut être accusé, interrogé judiciairement ni inquiété pour les opinions qu'il aura émises ou les discours qu'il aura prononcés dans l'exercice de son mandat de législateur.

Art. 88. Aucun représentant ou sénateur, depuis le jour de son élection jusqu'au jour de l'expiration de son mandat, ne peut être arrêté, sauf le cas où il serait surpris en flagrant délit de quelque crime qui mérite une peine infamante et afflictive; en ce cas il sera rendu compte à la chambre respective avec communication du procès-verbal.

Art. 89. Quand il sera formulé une plainte devant les tribunaux ordinares contre un sénateur ou député pour un délit autre que ceux articulés dans l'article 73, après avoir pris connaissance de l'imputation, chaque chambre pourra, à la majorité des deux tiers, suspendre l'accusé de ses fonctions et le mettre à la disposition du juge compétent.

Art. 90. Chaque chambre peut faire venir dans son sein les membres du conseil exécutif pour recevoir les explications et demander les renseignements qu'il jugera convenables.

Art. 91. Nul membre du Congrès ne peut recevoir d'emploi ni de commissions du pouvoir exécutif, sans le consentement préalable de la chambre respective.

Art. 92. Les ecclésiastiques ni les ministres des divers cultes ne pourront être admis au Congrès.

Art. 93. Les administrateurs des départements ne pourront représenter celui qu'ils administrent.

Art. 94. Chaque chambre délibère séparément, excepté quand il s'agit de nommer les membres du conseil exécutif, d'exercer le droit de grâce ou de prononcer sur un conflit de compétence.

CHAPITRE X.

Art. 95. Le Congrès National a les attributions suivantes :

1° Nommer les membres du conseil exécutif ainsi que le président et le vice-président de celui-ci.

2° Etablir les contributions nationales qui seront uniformes sur tout le territoire de la République.

3° Légiférer sur les douanes, établir des droits d'importation et d'exportation.

4° Réglementer les postes et télégraphes.

5° Contracter des emprunts sur le crédit public de la nation.

6° Réglementer le commerce avec les nations étrangères.

7° Arrêter annuellement le budget de la nation, en prenant uniquement ce qui est nécessaire aux dépenses exclusivement nationales et abandonnant tout le reste aux autorités départementales.

8° Veiller à l'uniformité des monnaies, poids et mesures.

9° Pourvoir au paiement de la dette intérieure et extérieure de la nation.

10° Faire et réformer les lois ainsi que les divers codes civil, commercial, de procédure, d'instruction criminelle, etc., et veiller à ce que la législation soit uniformément appliquée dans tous les départements.

11° Veiller à la sécurité et aux intérêts de la nation, à l'organisation de l'armée et de la marine, ainsi que des milices et réserves sur tout le territoire de la République, déclarer la guerre, faire la paix.

12° Faire les lois et arrêtés nécessaires pour la mise en vigueur de la Constitution nationale et départementale.

13° Approuver les traités avec les nations étrangères.

14° Nommer les membres du Tribunal Suprême et leurs suppléants.

15° Nommer sur une triple proposition du conseil exécutif les individus qui devront former les cours d'appel.

16° Veiller aux opérations de la Banque Nationale, qui sera organisée sur le principe de la démocratisation du crédit.

17° Veiller au service de la viabilité, comprenant les chemins de fer, canaux et routes nationales.

18° Veiller à l'entretien des forteresses, arsenaux, chantiers nationaux, ports.

19° Veiller à la direction des facultés, universités, collèges et autres institutions nationales d'instruction et d'éducation publiques.

20° Exercer les droits d'amnistie et de grâce.

21° Recevoir les réclamations des départements et des citoyens contre les décisions ou les mesures prises par le conseil exécutif.

21° Examiner les différends entre les départements et les conflits de compétence, entr'autres sur la question de savoir si une affaire est du ressort de la nation ou si elle appartient à l'administration départementale; si une affaire est de la compétence du conseil exécutif ou de celle du tribunal national.

23° Centraliser le service de charité et de bienfaisance nationale ainsi que le service d'assurances contre les divers risques déjà énumérés.

24° Prendre toutes les mesures nécessaires pour mener à fin les travaux publics d'utilité nationale, et en un mot tout ce qui peut procurer la prospérité du pays, l'avancement et le bien-être des départements.

25° Régler les contingents qui doivent être fournis par la nation et déterminer le nombre de l'armée permanente; délimiter les circonscriptions militaires du pays.

26° Procurer par tous les moyens possibles et légitimes l'avénement des hommes à la liberté et à l'égalité, non seulement civile et politique, mais sociale.

27° Proposer et voter la révision de la Constitution.

CHAPITRE XI.

Formation et sanction des lois.

Art. 96. L'initiative des lois peut être prise indistinctement par les deux chambres, au moyen de projets présentés par leurs membres ou émanant du pouvoir exécutif excepté dans le cas de l'article 73.

Art. 97 Quand un projet de loi est approuvé par la chambre où il a pris naissance, il est soumis à la discussion de l'autre chambre. Une fois qu'il est approuvé par les deux chambres, il est remis pour sa promulgation au conseil exécutif.

Art. 98. Aucun projet de loi, rejeté dans sa totalité par une des chambres ne pourra être reproduit dans la session de cette année. Mais s'il est seulement amplifié ou corrigé par la chambre qui l'a révisé, il retournera à celle qui lui a donné naissance, et si celle-ci approuve les additions ou corrections, il sera passé au conseil exécutif pour sa promulgation. Si les additions ou corrections sont rejetées, il retournera encore à la chambre de révision, et si elles sont sanctionnées de rechef par une majorité des deux tiers, le projet passera à l'autre chambre, et il ne pourra être rejeté à moins du vote contraire des deux tiers des membres présents.

Art. 99. La sanction des lois se fera en ces termes : Le Sénat et le conseil des Représentants de la République française, réunis en Congrès, ont décrété ce qui suit :

CHAPITRE XII.

Pouvoir Exécutif National.

Art. 100. Le pouvoir exécutif de la République est exercé par un conseil composé de sept membres.

Art. 101. Les membres du conseil exécutif sont nommés pour quatre ans par les conseils réunis, et choisis parmi les citoyens français éligibles aux conseils nationaux.

Les membres qui font vacance dans l'intervalle des quatre ans sont remplacés à la première session du Congrès National pour le reste de la durée de leurs fonctions.

Art. 102. Les membres du Conseil Exécutif ne peuvent pendant la durée de leurs fonctions avoir aucun autre emploi, soit au service de la nation, soit dans un département, ni suivre d'autre carrière ou exercer de profession.

Art. 103. Le conseil exécutif est présidé par le président de la République. Il a un vice-président.

Le président et le vice-président du conseil exécutif sont nommés pour une année par le Congrès National entre les membres du conseil.

Ils sont l'un et l'autre rééligibles.

Art. 104. Les membres du conseil, le président et le

vice-président reçoivent un traitement déterminé par la loi.

Art. 105. Le conseil exécutif ne peut délibérer que lorsqu'il y a au moins quatre membres présents.

Art. 106. Les membres du conseil exécutif ont voix consultative dans les deux sections de l'Assemblée Nationale ainsi que le droit d'y faire des propositions sur les objets en délibération.

CHAPITRE XIII.

Attributions du pouvoir exécutif national.

Art. 107. Le Pouvoir Exécutif a les attributions suivantes :

1° Il est chargé de l'administration générale du pays.

2° Il donne les instructions et fait les règlements nécessaires pour l'exécution des lois de la République, en ayant soin de ne pas en altérer l'esprit par des exceptions réglementaires.

3° Il présente des projets de loi, de décrets ou d'arrêtés au Congrès National et donne son préavis sur les propositions qui lui sont adressées par les conseils de la nation ou des départements.

4° Il pourvoit à l'exécution des lois, des décrets et des arrêtés du Congrès et à celle des jugements du tribunal suprême.

5° Il fait les nominations que la Constitution n'attribue pas au conseil National ou au Tribunal Suprême, ou que les lois ne délèguent pas à une autre autorité inférieure.

6° Il veille aux intérêts de la République au dehors, notamment à l'observation de ses rapports internationaux et il est, en général, chargé des relations extérieures.

7° Il nomme et remplace les ministres plénipotentiaires et chargés d'affaires, avec le consentement du Sénat, et par lui-même les agents consulaires et autres employés de l'administration dont la nomination n'est pas autrement déterminée par cette Constitution.

8° Il conclut et signe les traités de paix, de commerce, de navigation, d'alliance, de limites et de neutralité avec consulte et consentement du Sénat, l'approbation des deux tiers des sénateurs présents étant nécessaire.

9° Il rend compte de sa gestion au Congrès National à chaque session ordinaire, lui présente un rapport sur la situation de la République tant à l'intérieur qu'au dehors, et recommande à son attention les mesures qu'il croit utiles à l'accroissement de la prospérité commune.

Il fait aussi des rapports spéciaux lorsque l'Assemblée Nationale ou une de ses sections le demande.

10° Il proroge la session ordinaire du Congrès ou le convoque à une extraordinaire quand il y est obligé par une grave question d'intérêt public.

11° Il fait percevoir les revenus de la nation et en décrète l'emploi conformément à la loi et au budget des dépenses nationales.

12° Il pourvoit les vacances qui arrivent pendant l'absence du Sénat en donnant des commissions, sauf à en rendre compte à celui-ci.

13° Il commande les forces de terre et de mer de la nation.

14° Il nomme les employés militaires de la nation avec le consentement du Sénat pour les emplois et grades supérieurs de l'armée et de la flotte; en temps de guerre il les nomme directement.

15° En cas d'urgence, et lorsque l'Assemblée Nationale n'est pas réunie, le Conseil exécutif est autorisé à lever les troupes nécessaires et à en disposer, sous réserve de convoquer immédiatement les Conseils.

16° Il déclare la guerre avec l'approbation et l'autorisation du Congrès.

17° Il déclare en état de siége un ou divers points de la République, en cas d'attaque extérieure, et pour un terme limité, avec le consentement du Sénat.

18° En cas de commotion intérieure, il n'a cette faculté que lorsque le Congrès est en vacances, parce que cette attribution appartient à ce corps.

19° Dans tous les cas où suivant les articles antérieurs le Pouvoir exécutif doit procéder d'accord avec le Sénat, il pourra, en l'absence de celui-ci, procéder par lui-même, en rendant compte de ses actes à cette chambre, aussitôt qu'elle sera réunie, pour obtenir son approbation.

20° Il examine les arrêtés et ordonnances des conseils départementaux qui doivent être soumis à son approbation; il exerce la surveillance sur les conseils et administrateurs départementaux au moyen de délégués et d'inspecteurs nommés par lui.

Art. 108. Les affaires du Conseil exécutif sont réparties par départements entre ses membres. Cette répartitition a uniquement pour but de faciliter l'examen et l'expédition des affaires; les décisions émanent du Conseil exécutif comme autorité.

CHAPITRE XIV.

Chancellerie Nationale.

Art. 109. Une chancellerie nationale, à la tête de laquelle se trouve le chancelier de la République est chargée du secrétariat du Congrès National et de celui du Conseil Exécutif.

Le chancelier est élu par le Conseil National, pour le terme de quatre ans, en même temps que le Conseil exécutif.

La chancellerie est sous la surveillance du Conseil exécutif.

CHAPITRE XV.

Congrès social et Conseil d'Etat.

Art. 110. Il y aura un Congrès général, composé de tous les représentants de la série sociale, qui sera formé de la manière suivante.

Chaque département nommera par élection directe :

5 Agriculteurs.

4 Artisans ou industriels.

4 Savants (des sciences positives, mathématiques, physiques, naturelles).

4 Savants (des sciences morales et politiques).

3 Administrateurs (soit administrateurs proprement dits, soit négociants, soit financiers, etc.)

3 Littérateurs.

3 Artistes (peintres, sculpteurs, musiciens, architectes).

2 Militaires (de terre ou de mer).

Art. 111. Chaque série sera nommée pour quatre ans, mais elle se renouvellera par moitié tous les deux ans, le tirage au sort devant déterminer ceux qui sortiront au bout de la première période, et choisira dans son sein une commission dont le nombre est ainsi déterminé, à peu près.

Agriculteurs : 50.

Artisans : 40.

Savants (1re série), 40.

Savants (2e série), 40.

Administrateurs : 40.

Littérateurs : 30.

Artistes : 30.

Militaires : 25

De manière que le total des membres des commissions n'excède guère 300.

Les membres nommés sont rééligibles.

Art. 112. Chaque série spéciale aura une session annuelle dans la capitale de la République.

Art. 113. La Commission déléguée sera permanente, et fonctionnera isolément, mais il y aura chaque fois que cela sera nécessaire une réunion générale des diverses délégations.

Art. 114. Les attributions du Congrès social seront d'examiner la situation des diverses séries qui le composent et de proposer toutes les mesures qu'il jugera convenables pour l'avancement des sciences, des lettres, des arts, des métiers, toutes les branches du travail humain, et pour l'amélioration intellectuelle, morale et matérielle du peuple.

Art. 115. Les membres des commissions permanentes auront des appointements déterminés par la loi; les membres du Congrès, une indemnité pour frais de déplacement et de séjour.

Art. 116. Le résultat des délibérations du Congrès et des Commissions permanentes sera remis au Conseil Exécutif et transmis par celui-ci aux Chambres Nationales.

Art. 117. Les étrangers pourront être admis à faire partie du Congrès Social et des diverses Commissions.

CHAPITRE XVI.

Pouvoir judiciaire National.

Art. 118. Il y aura à la capitale de la République un Tribunal Suprême pour l'administration de la justice nationale composé du nombre de juges et de suppléants qui sera déterminé par la loi.

Art. 119. Il y aura aussi des tribunaux inférieurs que le Congrès National établira dans les circonscriptions judiciaires de la République (nombre équivalent à celui des cours d'appel).

Art. 120. Les membres du Tribunal Suprême et les suppléants sont nommés pour quatre ans par l'Assemblée Nationale. Ils sont rééligibles.

Les membres qui font vacance dans l'intervalle des quatre ans sont remplacés, à la première session de l'Assemblée Nationale, pour le reste de la durée de leurs fonctions.

Art. 121. Les membres du Tribunal Suprême recevront une compensation qui sera déterminée par la loi et qui ne pourra être augmentée ni diminuée pendant la durée de leurs fonctions.

Art. 122. Peut être nommé au Tribunal Suprême tout citoyen français éligible au Conseil National.

Les membres du Conseil Exécutif et les fonctionnaires nommés par cette autorité ne peuvent en même temps faire partie du Tribunal Suprême.

Art. 123. Le président et le vice-président du Tribunal Suprême sont nommés par l'Assemblée Nationale, chacun pour un an, parmi les membres du corps. Ils sont rééligibles.

Art. 124. Le Tribunal Suprême fera son règlement interne et économique et nommera tous ses employés subalternes.

Art 125. Le Tribunal Suprême et les tribunaux inférieurs de la nation auront à connaître et à juger les causes suivantes :

Toutes celles qui roulent sur des points régis par cette Constitution, les lois de la République et les traités avec les nations étrangères;

Les conflits entre les divers pouvoirs publics d'un même département;

Les causes relatives aux ambassadeurs, ministres publics et consuls étrangers;

Toutes celles relatives à l'amirauté et à la juridiction maritime;

Les causes où la nation est intéressée comme partie;

Les différends entre deux ou un plus grand nombre de départements;

Les différends entre un département et les habitants d'un autre, entre des habitants de différents départements, entre un département et ses propres habitants; entre un département et un état ou citoyen étranger.

Art. 126. Le Tribunal Suprême remplit aussi les fonctions de la cour de cassation, et les tribunaux inférieurs, (c'est-à-dire les cours d'appel), continuent à évoquer les cas de la justice départementale suivant l'article 57.

Art. 127. Les membres des tribunaux inférieurs sont nommés conformément á l'article 97, pour le terme de quatre ans et sont rééligibles.

Art. 128. Les cas de trahison, insurrection, révolte, violence contre les autorités départementales et nationales ressortiront aux cours d'appel et au Tribunal Suprême.

Art. 129. Le Congrès National peut toujours accorder l'amnistie ou faire grâce au sujet de ces crimes et délits.

CHAPITRE XVII.

Responsabilité des fonctionnaires et employés publics.

Art. 130. Les membres des conseils nationaux et départementaux ne peuvent être poursuivis ni dans leurs biens ni dans leurs personnes pendant la session des conseils auxquels ils appartiennent. En aucun cas ils ne pourront être poursuivis pour les opinions émises ou les discours proférés dans les discusssions législatives. Pour procéder à leur arrestation il faudra le cas de flagrant délit ou le consentement préalable de la chambre á laquelle ils appartiennent, lequel sera toujours nécessaire pour leur intenter une action criminelle.

Art. 131. Les membres du Conseil Exécutif, les administrateurs départementaux, les autres employés du Pouvoir Exécutif, les juges du Tribunal Suprème, des cours d'appel, des tribunaux départementaux et autres membres du pouvoir judiciaire, les employés cantonaux et municipaux sont tous responsables pour délit ou mauvaise conduite dans l'exercice de leurs fonctions.

Le président et le vice-président du Conseil Exécutif, les autres membres chargés de divers ministères, les juges du Tribunal Suprème et des cours d'appel ne pourront être accusés pour délits ou mauvaise conduite dans l'exercice de leurs fonctions que par la Chambre des Représentants et jugés que par le Sénat. La majorité des deux tiers des voix sera nécessaire pour cela, et le jugement n'aura d'autre effet que la destitution ou la suspension de l'accusé. Le délit est justiciable des juges et tribunaux ordinaires devant lesquels l'accusé aura á répondre et subir les conséquences de sa faute.

Quant aux fonctionnaires qui ne sont pas compris dans l'énumération précédente, une loi déterminera d'une manière précise ce qui tient á cette responsabilité.

CHAPITRE XVIII.

Révision de la Constitution.

Art. 132. La Constitution de la République peut être révisée en tout temps.

Art. 133. Lorsqu'une section de l'Assemblée Nationale décrète la révision de la Constitution et que l'autre section n'y consent pas, ou bien lorsque cinq cent mille citoyens français ayant le droit de voter demandent la révision, la question de savoir si la Constitution doit être révisée, est, dans l'un comme dans l'autre cas soumise à la votation du peuple français, par oui ou par non.

Art. 134. La révision étant décidée, il sera nommé une convention spéciale qui se réunira sur un point déterminé du territoire, mais hors du siége du gouvernement, et qui n'aura d'autre but que de procéder à l'examen des amendements, additions, réformes partielles ou réforme complète de la Constitution, sans pouvoir s'ingérer en rien dans l'administration ou dans le gouvernement du pays.

Art. 135. La Constitution révisée est soumise à l'acceptation du peuple français et entre en vigueur lorsqu'elle a été acceptée par la majorité des citoyens.

www.ingramcontent.com/pod-product-compliance
Ingram Content Group UK Ltd.
Pitfield, Milton Keynes, MK11 3LW, UK
UKHW032002260826
14628UKWH00005B/2231

9 782019 649388